JN412363

길

수묵화로 읽는 김대중 100년

글·그림 유준

아트공명

들어가며

문득 김대중 대통령을 그리고 싶었습니다.
정치가 천박해지고 시국이 엄중할수록 그와 함께한 시간들이 그리웠습니다.
김대중의 길을 찾아서 길을 나섰습니다.
탄생 100주년에 책을 내보자는 욕심도 있었습니다.
선생은 일제강점기, 해방공간, 군정, 전쟁, 분단의 시대를 살았습니다.
질곡의 역사 속에서 김대중의 길을 찾기란 쉽지 않았습니다.
처음에는 설레었지만 나중에는 많이 아팠습니다.
선생이 남긴 평화와 용서속에는 형용하기 어려운 것들이 있었습니다.
힘은 들었지만 행복한 여정이었습니다.
많이 부족합니다.
그럼에도 제가 느낀 것들이 독자들에게 오롯이 전달되기를 감히 기대해봅니다.

2024년 길 위에서
송남 유 준 僅書

수묵화로 읽는 김대중 100년

"새벽"

새벽은 눈물로 열렸다.

사형수가, 야당 후보가, 서자가, 섬사람이,
네 번의 도전 끝에 70대 고령으로 대통령에
당선됐다. 암흑시대에 지지자들이 흘린 눈물,
그 눈물의 강을 타고 올라가 마침내 단 한사람이
됐다. 척박한 현대사를 갈아엎는 기적이었다.
우리네 새벽에는 김대중의 눈물이 고여있다.

- 김택근 〈김대중 평전〉에서

민주주의는 절대 공짜로 얻어지는 것이 아니며
어느 역사를 보나 민주화를 위해서는 희생과 땀이 필요하다
-《옥중서신》 중에서

I

길 위에서

길 위에서 길을 찾아 떠납니다.

정의가 강물처럼 흐르고

자유가 들꽃처럼 만발하고

통일에의 희망이 무지개 같이 떠오르는 나라를 만들 것이다.

목포항 이른 새벽

긴장마에 흐린 날씨 탓인지 목포는 해무海霧와 안개에 갇혀 있다.

백년전 이 바다에서 나고 자란 한 거인의 발자취를 더듬으려 나는 하의도로 가는 철부선에 몸을 실었다.

간간이 내려 앉는 는개와 해무와 유달산을 뒤로 하고…

목포에서 서남쪽 57.6 킬로미터 떨어진 하의도는
지금 제가 찾아가는 거인 김대중이 태어난 곳입니다.
당시는 일본이 지배하던 일제강점기 시대여서 섬의 모든 토지는
동양척식회사의 소유였습니다.
섬이지만 대부분이 일본인의 소작농으로 어업보다는
염전과 농업에 종사하고 있었습니다.
김대중은 후광이라는 마을에서 이장집 아들로 태어났습니다.
후에 거인은 마을 이름을 딴 '후광'을 평생의 아호로 삼았습니다.

하의도는 큰 섬은 아니지만 주위에 천개가 넘는 섬들로 둘러싸여
지금은 1004섬으로 불리기도 합니다.
김대중이 태어난 당시에 아버님은 마을의 이장으로 일본인과의 분쟁과 갈등을 해결하며
마을의 궂은 일을 도맡아 하였고 김대중에게는 늘 자상하고 따뜻했습니다.
어린 시절 대중은 큰 어려움 없이 하의도의 넓은 들과, 염전, 바다를 바라보며
호연지기를 키웠습니다.

김대중은 일곱 살이 되어 서당에 들어갑니다.

이듬 해 학교가 생기고 2학년으로 입학을 합니다.

하지만, 4년제 학교였기 때문에 계속 공부를 하려면

목포에 있는 6년제 보통학교에 가야 했습니다.

4학년이 되었을 때 부모님께 공부를 계속하고 싶다고 말씀 드렸고,

부모님은 김대중의 앞 날을 위해 큰 결단을 내립니다.

가산을 정리해서 1936년 가을 정든 고향 하의도를 등지고

목포로 가는 목선에 올랐습니다.

목포에 정착한 부모님은 산동네에 여관을 열고

김대중을 목포제일 보통학교에 입학 시킵니다.

섬에서 온 촌놈이라고 놀림도 받지만

대중의 리더십과 영민함을 알아 본 일본인 교사는 대중을 학급 급장에 임명합니다.

보통학교를 졸업하고 김대중은 그 시절 전국에서도 명성이 높았던

목포상업학교에 수석으로 진학합니다.

이듬해 1940년 일본은 조선인의 정신을 말살하기 위해 창씨개명을 실시했고

우리 성, 우리 이름을 일본식으로 바꾸도록 강요했습니다.

"도요타 다이루"

부모님이 지어 준 이름과 성을 빼앗긴 소년 김대중에게 창씨개명은 큰 굴욕이었습니다.

두고두고 가슴 아파하고 부끄러워했습니다.

그때 느꼈던 치욕과 모멸감은 소년 김대중의 가슴에

'민족'이라는 강한 의식을 심어주었습니다.

"부모님은 여관을 사서 운영하셨다.

목포시 항동 목포대 1번지에 위치한 영신여관이었다.

여관은 까마득히 높아서 계단을 오르는데 힘이 들었다.

샘이 없어서 내가 자주 물을 길어 날랐다."

-《김대중 자서전》

목포상업학교를 졸업한 김대중은

1944년 일본이 경영하는 전남기선주식회사라는 해운회사에 취직했습니다.

그러던 어느 날 상업학교 동급생인 차원식의 여동생 차용애와 마주치고

첫눈에 사랑에 빠졌습니다.

끈질긴 구애 끝에 해방을 몇 달 앞둔 1945년 4월 9일에 결혼식을 올렸습니다.

신혼의 단꿈에 빠져 있던 어느 날 라디오에서 일본 천왕의 떨리는 목소리가 흘러나왔습니다.

"일본은 연합군에 무조건 항복한다"

젊은 부부는 부둥켜안고 감격의 눈물을 흘립니다.

"해방이다"

1945년 8월 15일 일본 천왕 쇼와 덴노가 포츠담선언을 수용하며

세계2차대전의 막을 내리게 됩니다.

9월 2일 도쿄만 요코하마에 정박 중인 전함 미저리호 갑판에서

일본 외무대신 쓰게미쓰 마모루와 일본군 참모총장이 항복문서에 서명했습니다.

그때 연합군 맥아더장군 앞에 지팡이를 짚고 나온 쓰게미쓰 일본 외상은 바로 상하이 홍코우 공원에서 윤봉길 의사가 던진 폭탄으로 다리가 날아간 당시 일본 총영사였습니다.

해방은 어느 날 우연히 온 것이 아닙니다.

그 속에는 수 많은 '윤봉길'들이 있었습니다.

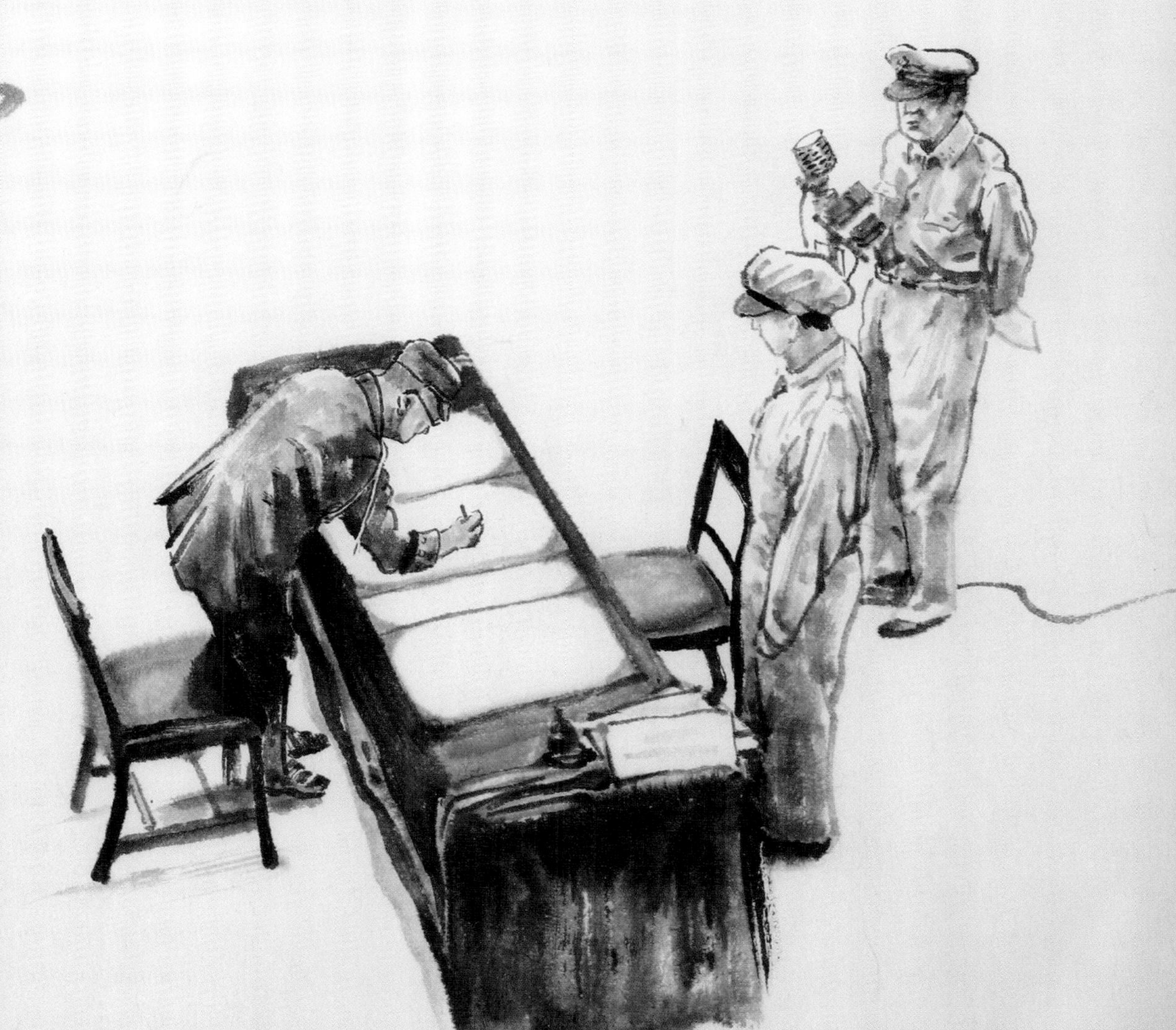

일본 본토에 버섯 구름이 피어올랐습니다.

원자폭탄을 맞은 일본은 무조건 항복했습니다.

해방은 그냥 찾아온 게 아닙니다.

중국 상해에 임시정부를 세워 끊임없이 저항했고,

또 국민들의 눈물과 기도가 있었기에 가능했습니다.

윤봉길 안중근 김원봉 홍범도 등 독립투사들은

대륙의 별로 떠올라 중국인들도 우러러보았습니다.

이름 모를 의병들의 피어린 함성은 민족혼을 일깨웠습니다.

그래서 이 땅의 나무들이 춤을 추고

강물이 노래할 수 있었습니다.

해방이 되고 새로운 세상이 펼쳐졌습니다.
당시 김구보다 더 많은 인기와 지지를 받던 민족 지도자 몽양 여운형 선생이
새로운 조선을 준비하기 위해 전국적으로 '건국준비위원회'를 조직했습니다.
김대중도 건국준비위원회 목포지부에서 일했습니다.
일본인 사장이 본국으로 돌아가고, 젊고 유능한 김대중을 눈여겨 보던
동료들의 권유와 추대로 운영위원장을 맡아 회사를 꾸려갔습니다.
그 즈음 딸 소희가 태어났지만 결핵으로 세상을 떠나 가슴에 묻어야 했습니다.
해방은 되었지만 좌우대립으로 조용할 날이 없었습니다.
불안한 정국에 돈이라도 벌어야겠다고 생각한 김대중은 조그만 배 한 척을 구입해
'목포해운공사'라는 간판을 걸고 청년 사업가로서의 첫 발을 내딛습니다.
특유의 성실함과 명석한 판단력으로 사업은 번창했습니다.
목포에서는 제법 알아주는 유명인사가 되었습니다.

몽양 여운형

세월이 오며는 다시 만나요
넓고 큰 광장에서 춤을 추면서
깃발을 높이 들고 만세 부르며
얼굴을 부벼댄 채 얼싸안아요

세월이 오며는 다시 만나요
입춘의 매화가 어서 피도록
대지의 먼동이 빨리 트도록
생명의 몸부림을 끊지 말아요

- 김대중 〈세월이 오며는〉 중에서

Ⅱ

정치의 길

38선

1950년 6월 25일 새벽 한국전쟁이 발발했습니다.

선전포고도 없이 북한군이 남침한 것이지요. 전쟁은 모든 것을 앗아갔습니다.

순식간에 서울을 점령 당합니다.

목포에서 서울로 출장 나와 있던 김대중은 갖은 고초를 겪었고

천신만고 끝에 서울을 빠져 나옵니다.

그렇게 목포로 돌아왔지만

목포는 이미 인민군의 손에 넘어가 있었습니다.

결국 인민군에 붙잡혀 형무소에 갇혔고 죽음 문턱에서 극적으로 살아났습니다.

집으로 돌아오니 가족들은 제대로 먹지를 못해 몰골이 말이 아니었습니다.

겨우 남아있는 배 한 척으로 김대중은 다시 군수품을 나르는 일을 시작했습니다.

이승만 정부는 남쪽 최후의 보루인 부산으로 내려왔고,

고민에 고민을 거듭한 김대중은 다시 결단했습니다.

"난리통이지만 이것이 기회일 수 있다,

가자 부산으로!"

부산항

전쟁이 국토를 황폐화시켰지만 기회는 어디에도 있었습니다.

김대중은 전쟁 물자를 운송하는 사업으로 크게 성공했습니다.

부산에서의 삶은 김대중에게 많은 것들을 일깨워 주었습니다.

난리통에 국민들의 궁핍한 삶과 눈물, 정치인·관료들의 부정부패와 무능을 지켜본

김대중의 가슴 밑바닥에선 알 수 없는 기운들이 꿈틀거렸습니다.

어느 날 자갈치시장과 영도다리 근처에서 피난민들의 고단한 삶을 둘러 보고

조용히 산에 올라 결단합니다.

"이렇게 살아선 이대로는 안된다.

이 참혹한 현실을 바꿀 수 있는 것은 정치뿐이다."

청년 사업가에서 청년 정치가로 새로운 도전이 시작되는 순간이었습니다.

유달산과 삼학도가 있는 목포.

1954년 5월 20일 치르는 제3대 민의원 선거에 출마하기 위해
김대중은 마음의 고향인 목포로 다시 내려왔습니다.
이승만 정부의 무능과 부정부패를 직접 지켜봤던 김대중은 자유당에는 몸담을 수 없었습니다. 노동단체의 지원을 믿고 노동자를 대변하겠다며 무소속으로 출마했습니다.
그러나 돈과 폭력으로 얼룩진 선거판은 대규모 부정선거로 치러지고 김대중은 허무하게 낙선하고 말았습니다.

"우리나라 정치가 이렇게 흘러가게 두어서는 안 된다."

김대중은 아내와 두 아들을 데리고 상경했습니다.
더 큰 정치판으로 옮겨갔습니다.

목포

김대중은 1958년 제4대 국회의원 선거에 출마하기로 마음을 먹었습니다. 두 번 째로 도전을 택한 곳은 강원도 내설악 백담사 아래 있는 인제였습니다. 당시 인제는 서울에서 목포로 가는 것보다 더 험하고 시간도 오래 걸리는 오지였지만 군인들이 많아 여당인 자유당보다 민주당을 더 많이 지지할 것이라 믿었기 때문입니다. 그러나 여기서도 자유당 후보의 공작으로 후보 등록이 취소되었습니다.

분하고 괴로워하는 김대중을 부둥켜 안고 아내는 이렇게 말했습니다.

"여보, 당신이 가야 할 길이 옳은 길이라면 끝까지 목숨을 걸고 싸우세요. 당신에게 무슨 일이 생기면 자식들은 제가 끝까지 책임질게요."

김대중의 후보 등록을 방해했던 부정선거가 언론의 폭로로 알려졌습니다.
김대중은 법원에 고소장을 제출하고 끝까지 싸웠습니다.
결국 법원이 김대중의 손을 들어 주었고 다시 재보궐선거에 출마했습니다.
그러나 보궐선거에서도 또다시 자유당의 횡포와 부정행위로 고배를 마셨고
김대중은 깊은 절망과 실의에 빠집니다.
설상가상 석 달 뒤 김대중의 마지막 버팀목이었던 아내 차용애가
그 간의 마음고생으로 얻은 가슴앓이로 세상을 떠났습니다.
여름 어느 날, 햇살처럼 운명처럼 다가와 사랑한 여인,
'대중 씨한테 시집 못 가면 죽어버리겠다'고 부모님을 설득했던 차용애.
김대중은 슬픔에 하늘이 무너졌습니다.

사람은 자기 힘으로 어쩔 수 없는 난관이나 불운에 부딪힐 수가 있다.
그러한 때는 결코 당황하거나 서두르지 말고
그러한 시련의 태풍이 지나가는 것을 기다려야 한다.
다만 다시 때가 왔을 때를 위하여 노력과 준비를 게을리 해서는 안된다.
-《옥중서신》 중에서

Ⅲ

민주주의의 길

매일생한불매향梅一生寒不賣香이라 했던가요.

매화는 일생을 춥게 살아도 향기를 팔지 않습니다.

정치인 김대중 또한 어떤 시련이 닥쳐도 흔들리지 않았습니다.

마침내 1961년 5월 인제 재보궐선거에서 승리했습니다.

정치판에 뛰어 든지 7년, 네 번의 고배를 들고 받아든 당선증이었습니다.

당선증을 가슴에 안은 김대중은

사랑하는 아내가 있는 하늘을 올려다 보았습니다.

"여보 잘 있지, 나 결국 해냈어."

하지만 며칠 후 5월 16일 박정희의 군사 쿠데타가 일어나고

국회가 해산되어 의사당에 등원도 못해보고

의원직을 상실하는 비운을 겪습니다.

아직 겨울이 끝나지 않았던 것이지요.

쿠데타로 정권을 잡은 박정희는 민주인사들과 단체들을

마구잡이로 잡아 들여 고문하고 회유도 했습니다.

김대중도 여러 차례 끌려가 조사를 받았고 쿠데타 세력은 정치활동을 금지시킵니다.

이즈음 김대중은 평생의 동지이자 반려자인 이희호 여사를 만나

두 번째 결혼식을 올렸습니다.

박정희는 여러 차례 사람을 보내 김대중을 회유하려 했지만

김대중은 정치를 그만 두는 한이 있더라도

쿠데타 세력과는 손잡지 않겠다는 신념을 굽히지 않았습니다.

1963년 박정희는 군으로 돌아가겠다는 약속을 깨면서 군복을 벗고

대통령선거에 출마해 당선되었습니다.

군부독재 시대의 서막이 올랐습니다.

목포에 내려온 김대중은 제6대 국회의원 선거에 출마해 당선되었습니다.
이후 군부독재를 꾸짖으며 탁월한 의정활동으로 두각을 나타냅니다.
1967년 이른바 '목포의 전쟁'이라고 불리는 제7대 국회의원 선거에서는
박정희 대통령이 직접 목포까지 내려와 여당 후보를 지원했습니다.
"이번 선거에서 여당 후보 20명이 떨어져도 상관없다. 김대중만은 낙선시켜야 한다."
여당 후보는 엄청난 관권을 동원하여 물량공세를 퍼붓고 흑색선전을 했지만
결국 6천 표 차이로 김대중 후보가 승리했습니다.
비로소 동토 공화국에 민주주의에 대한 믿음과 희망이 생겼습니다.
"김대중은 독재정권을 무너뜨릴 힘이 있고 민주주의 최후의 보루다."
이때부터 박정희는 김대중을 두려워했습니다.
그로부터 3년 뒤 1970년 박정희의 두려움은 현실로 다가왔습니다.
김대중은 신민당 전당대회에서 함께 40대 기수론을 내세운 김영삼과 이철승 후보를 누르고
제1 야당의 대통령 후보로 지명되는 기염을 토해냈습니다.
그의 나이 마흔 여섯 살이었습니다.

"여러분의 은혜에 보답하기 위해 대통령에 도전했습니다.
한국의 김대중, 세계의 김대중이 되겠습니다."

김대중에게 정치는 숙명이었습니다.

보장된 삶을 거부하고, 불편한 몸으로 눈보라치는 밤길을 달려

민주주의와 평화라는 이상을 찾아 헤매었습니다.

1971년 제 7대 대통령선거를 몇일 앞둔 서울 장춘단공원에는

서울시민 백만 명이 넘는 인파가 구름같이 모였습니다.

김대중은 포효했습니다.

"박정희 후보가 이긴다면 이 땅에 총통의 시대가 올 것입니다."

위기의 박정희는 김대중을 빨갱이로 몰아붙이는 흑색선전과 망국적인 지역감정까지 조장하며 가까스로 선거에 이겼습니다.

이후로 김대중에 대한 경계와 탄압은 더욱 심해졌습니다.

1971년 5월 24일 목포에서 서울로 올라오던 김대중과 보좌진이 탄 승용차를 갑자기 맞은편에서 오던 덤프트럭이 중앙선을 넘어와 덮쳤습니다. 승용차는 4미터 아래 논에 떨어졌습니다. 손목과 다리에 중상을 입고 가까스로 목숨을 건진 김대중은 그날 이후 다리를 절며 살아야 했습니다.

박정희는 이듬해 1972년 유신헌법을 선포하고 김대중의 예언대로 영구집권의 야욕을 드러냈습니다.

1973년 여름 김대중은 도쿄 팔레스호텔에서
정체를 알 수 없는 괴한들에게 납치됩니다.
괴한들은 김대중을 배로 끌고 가 온 몸을 묶고 손발에 무거운 돌을 매달아
바다에 던져 죽이려 했습니다. 그 절체절명의 순간에
어디선가 헬기가 나타나 극적으로 김대중을 구해주었습니다.
박정희 정권이 저지른 만행을 미국이 알고 그런 조치를 취했다고 합니다.
죽음의 고비를 넘기고 서울로 돌아온 김대중은 다시 가택연금을 당했습니다.
그럼에도 유신독재 반대투쟁을 멈추지 않았습니다.

"캄캄한 밤이라도
내일 아침이면 태양이 반드시 뜬다는 것은 의심할 여지가 없습니다.
나는 역사에서 정의는 절대로 패배하지 않는다는 것을 믿습니다.
국민은 최후의 승리자이며 양심의 근원입니다.
그것이 나의 신념입니다."

용금호

"야수의 심정으로 유신의 심장을 쏘았다."

독재자 박정희가 1979년 10월 26일 자신의 심복이었던 김재규 중앙정보부장의 총에 맞아 죽었습니다. 군사 쿠데타를 일으켜 집권한 후 18년 5개월, 마침내 박정희의 군사독재 시대가 막을 내린 것이지요.

아! 그러나 이 땅에 봄은 오지 않았습니다. 역사는 되풀이 된다는 속설처럼 박정희의 추종자였던 전두환 육군소장은 그 해 12월 12일 다시 군사 쿠데타를 일으켜 정권을 잡았습니다. 박정희의 죽음으로 민주주의가 자리 잡길 바란 국민들은 거세게 저항했습니다. 신군부는 정권에 가장 위험한 인물로 김대중을 지목해 연금상태였던 김대중을 중앙정보부 지하실로 끌고 갑니다.

그리고 얼마 후 광주에서 신군부는 '계엄 철폐' '전두환 퇴진' '김대중 석방'을 외치며 평화적 시위를 하던 광주시민과 학생들에게 공수부대를 투입해 실탄을 발사하고 무자비한 진압작전을 펼쳤습니다.

수많은 학생과 무고한 시민들이 죽고 다치는 우리 현대사 최고의 비극인 '5·18 광주민주화운동'이 일어난 것입니다.

신군부는 김대중에게 내란 음모죄 등으로 사형을 언도하지만 국내외 여론과 국민의 저항을 우려하여 무기징역으로 형량을 낮췄습니다.

1979. 10. 26 궁정동 안가

아! 광주

완전무장한 공수부대원들은 시민들을 무차별 살육했습니다.

흡사 피에 굶주린 야수같았습니다.

이에 광주시민들은 분연히 일어나 맞서 싸웠습니다.

순결한 피로 독재의 광기를 물리쳤습니다.

광주민주화운동은 현대사의 비극이지만 길이 빛날 위대한 항쟁이었습니다.

김대중은 이렇게 말했습니다.

"광주시민과 함께 살고 있음이 자랑스럽습니다."

광주민주혁명은 청사에 빛날 것입니다.

우리가 쟁취한 민주주의 한가운데 광주와 김대중이 있었습니다.

광주민주화운동 최초 발원지 전남대학교 정문 앞

무기수 김대중은 청주교도소에서 수감생활을 했습니다.

몸은 갇혀 있으나 영혼은 자유로워서 교도소 안에서도 책을 손에서 놓지 않았습니다.

감옥에서도 신군부의 압박과 회유는 계속됐고,

결국 1982년 12월 누구의 배웅도 없이 망명길에 올라 미국 땅을 밟습니다.

그리고 3년 후 1985년 2월 6일 그리워하던 고국 땅으로 다시 돌아옵니다.

세계의 언론들은 김대중의 귀국을 긴급 타전했고,

〈뉴스위크〉는 '폭풍의 귀국'이란 제목으로 폭풍을 몰고 오는 김대중을 머리기사로 싣습니다.

소유냐 존재냐
이방인

귀국 직후 또 다시 가택연금을 당했습니다.

군부독재의 살기가 지독할수록 저항의 불길은 거세게 타올랐습니다.

국민들은 마침내 6월항쟁으로 직선제 개헌을 쟁취하여 민주화의 초석을 놓았습니다.

그러나 김대중은 두 번의 대통령선거 낙선으로 정계 은퇴를 선언하고

새로운 배움의 길을 찾아 1993년 영국 유학길에 올랐습니다.

케임브리지 대학에서 세계적 석학인 스티븐 호킹 박사와 만나 우주에 관한 담론을 나누고

유럽의 많은 정상, 석학들과 교류하며 우정을 쌓아갑니다.

영국에서 돌아온 김대중은 다시 미국, 러시아, 독일 등을 두루 다니며

한반도 평화와 북핵문제 해결 등을 위해 최선을 다했습니다.

(고) 스티븐 호킹 박사

나는 정치에 발을 들여놓은 40년동안 다섯 번의 죽을 고비를 넘기고,
네 번의 도전 끝에 대통령이 되었다. 하지만 개인적인 성취는 중요하지 않다.
나는 이것이 어느 누구든 좌절하지 않고 끝까지 최선을 다하면
좋은 열매를 맺을 수 있다는 사실을 깨우치는 계기가 되기를 바란다.
-《다시, 새로운 시작을 위하여》 중에서

Ⅳ
대통령과 국민의 길

나는 야당도 아니고, 여당도 아니라며
정치와 관계없다고 자랑스럽게 말하는 사람은
그것이 중립적이고 공정한 태도인 양 점잖을 뺀다.
그러나 이런 사람들은 악을 악이라고 비판하지 않고,
선을 선이라고 격려하지 않는 자들이다.
비판을 함으로써 입게 될 손실을 피하기 위해
자신의 양심을 속이는 기회주의자들이다.
행동하지 않는 양심은 악의 편이다.

1997년 12월 대통령선거에 출마한 김대중은

새정치국민회의 소속으로 대한민국 제15대 대통령에 당선됩니다.

1971년 제 7대 대통령선거에 나와 박정희 후보와 대결한 이후 26년 만이었습니다.

수많은 고초를 겪고 생사를 넘나들며 한국정치사에

처음으로 수평적 정권교체를 이룬 역사적 순간이었습니다.

먼동이 터오는 일산 자택 앞에 모인 지지자들의 연호가 새벽을 깨우고 있었습니다.

“김대중 대통령”

“김대중 대통령”

“김대중 대통령”

김대중 대통령 앞에는 난제들이 줄줄이 기다리고 있었습니다.

당장 나라 살림은 거덜이 난 상태로 국제통화기금의 구제금융으로 버티고 있었고
국가부도라는 최악의 사태에 직면해 있었습니다.

혹독한 IMF 신탁통치의 시작이었습니다. 순식간에 몰아닥친 거대한 풍랑 앞에
대한민국호가 침몰하기 일보직전이었던 것입니다.

김대중은 난국을 타파하기 위한 정책들을 하나 하나 펴나가고, 국민들도 이에 화답해
자발적 금 모으기 운동 등을 벌이며 온 나라가 하나로 똘똘 뭉쳤습니다.

위대한 국민과 지도자는 결국, 'IMF 조기 극복'이라는 쾌거를 이루어 냈습니다.

김대중은 대통령 취임식에서 '국민의 정부' 대북원칙을 밝혔습니다.

어떤 무력 도발도 용납하지 않고, 북한을 흡수할 생각이 없고, 북한과 화해협력을 추진하겠다는 것이었습니다.

김대중의 '햇볕정책'에 북쪽도 화답했습니다. 마침내 분단 이후 최초로 평양을 방문하여 김정일 국방위원장과 정상회담을 가졌습니다.

서로 부둥켜안고 남과 북의 미움을 녹이는 역사적인 순간이었습니다.

그리고 노벨상이 제정된 지 100년이 되는 2000년에 '상 중의 상' 노벨평화상을 받았습니다.

김대중은 시상식에서 모든 영광을 국민에게 돌렸습니다.

"민주주의와 인권, 그리고 민족통일을 위해 희생한 동지들과 국민들에게 영광을 바칩니다."

김대중은 대한민국을 인권과 민주주의가 살아 숨쉬는
전혀 다른 나라로 옮겨 놓았습니다.
외환위기를 극복했고, 남북정상회담을 통해 6·15공동선언을 끌어냈고,
4대 부분을 개혁하여 경제 체질을 바꾸었습니다.
국민기초생활법을 만들어 굶주림을 추방했고,
최루탄과 폭력이 사라지도록 만들었습니다.
김대중은 평화의 다른 이름이었습니다.
우리 현대사의 중요한 고비마다 김대중이 있었습니다.
'민주화의 상징' 김대중이 있어 우리는 새로운 세상을 꿈꿀 수 있었습니다.
메마른 현대사에서 마르지 않는 우물이었고
격변기를 살았어도 꺾이지 않았던 시대의 시표였으며
모든 위기를 기회로 바꿨던 거인이었습니다.

2009년 5월 23일 민주정부의 후계자 노무현 대통령이 세상을 떠났습니다.

독재세력의 잔당들에게 죽임을 당한 노무현을 보며

김대중은 분노하고 낙담하고 슬퍼했습니다.

"내 몸의 반이 무너졌다."

김대중은 아들같은 민주화 여정의 동지에게 일어나라 소리쳤습니다.

“노무현 대통령, 당신 죽어서도 죽지 마십시오.

우리는 당신이 필요합니다.

당신은 저승에서, 나는 이승에서

힘을 합쳐 민주주의를 지켜냅시다.”

동지가 떠난 오월, 그 눈물의 시간들이 김대중을 조금씩 무너뜨렸습니다.

파란만장한 일생이었습니다.

그럼에도 미흡한 점은 있으나 후회는 없었습니다.

2009년 8월 18일, 김대중을 모시던 사람들이 함께 외쳤습니다.

"대통령 님 사랑합니다."

김대중이 눈물을 흘렸습니다.

지상에서의 마지막 눈물. 부디 잘 살아 달라는 당부였습니다.

김대중은 민주주의, 정의, 평화를 받쳐들고 역사 속으로 들어갔습니다.

그 날 하늘에는 구름 한점 없었습니다.

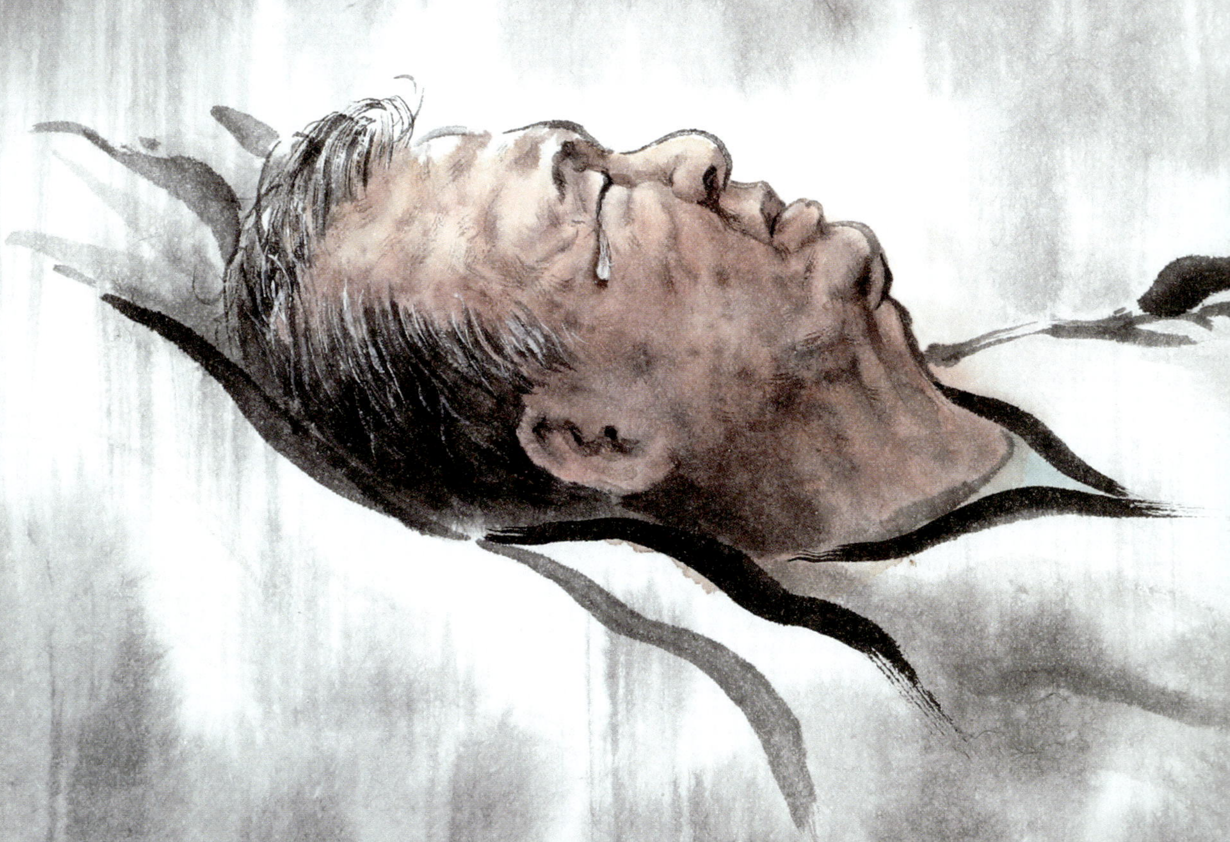

이제 그만 붓을 놓아야 할 시간이 다가옵니다.

어릴 적 당신께서 보고 꿈을 키웠을 하의도 큰 바위 얼굴이 불현 듯 보고 싶습니다.

다시 목포항에서 하의도행 철부선을 기다립니다.

어쩌면 오늘 당신을 만날지도 모르겠습니다.

이 책을 유토피아를 꿈꾸던 '토마스 모어' 김대중 님과

이 땅에 민주주의를 위해 희생하신 영령들 그리고

김대중을 사랑한 모든 분들께 드립니다.

고마웠습니다.

사랑합니다.

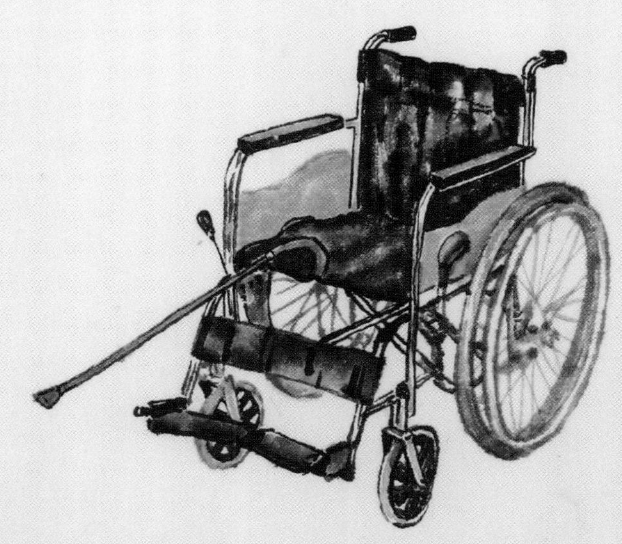

"아내가 없었더라면 내가 오늘날 무엇이 되었을지 상상도 할 수 없습니다.
오늘 내가 여러분과 함께 할 수 있는 것은 내 아내 덕분이고,
나는 이희호의 남편으로서 이 자리에 서 있습니다.
나는 그것이 너무 자랑스럽습니다."

- 사랑하고 존경하는 당신에게, 김대중

인제 가면

잘 있거라 내 강산아 사랑하는 겨레여
몸은 비록 가지마는 마음은 두고 간다
이국 땅 낯설어도 그대 위해 살리라.

인제 가면 언제 올까 기약 없는 길이지만
반드시 돌아오리 새벽처럼 돌아오리
돌아와 종을 치리 자유종을 치리라.

잘 있거라 내 강산아 사랑하는 겨레여
믿음으로 굳게 뭉쳐 민주회복 이룩하자
사랑으로 굳게 뭉쳐 조국통일 이룩하자.

- 1982년 12월 23일, 미국 망명길 출국을 앞두고

김대중 대통령이 걸어온 길

출생과 성장 : 1924–1944

1924. 1. 6.
전남 무안군(현재 신안군) 하의면 후광리 7번지에서 부친 김운식金云式, 모친 장수금張守錦의 사이에서 태어나다. 부친이 1924년 1월 16일자로 출생등록을 하였으나, 1943년경 일제의 징병을 피하기 위해 1925년 12월 3일로 정정하여 이 내용이 김대중의 공식적인 생년월일이 된다.

1933.
초암草庵 김연金鍊으로부터 서당에서 한학 교육을 받다.

1934. 5. 12.
4년제인 하의공립보통학교에 2학년에 편입하다.

1936. 9. 2.
상급학교 진학을 위하여 목포로 이사하여 목포제일공립보통학교(목포북교공립심상소학교)로 전학하다.

1939. 4. 5.
목포공립상업학교(5년제, 현 전남제일고등학교의 전신) 수석으로 입학하다.

1943. 12. 23.
목포공립상업학교 졸업하다. 원래는 1944년 초에 졸업하기로 되어 있었으나 전시특별조치로 인하여 졸업날이 앞당겨지다.

청년사업가 시절 : 1944–1951

1944. 5.
목포상고 졸업과 함께 목포상선회사에 취업. 이후 회사 관리인으로 회사를 경영하는 등 청년 사업가로 활동하다.

1945. 4. 9.
차용애車容愛 여사와 결혼, 슬하에 홍일, 홍업 두 아들을 둠.

1945. 8. 19.
8·15 해방이 되자 몽양 여운형 선생이 이끄는 건준(건국준비위원회)에 참여하다.

1946. 2.
목포 신민당 지부에 참여하였으나 좌경화 움직임이 보여 탈퇴하다.

1947. 2.
50톤급 선박 1척을 구입하여 '목포해운공사'라는 회사명으로 연안 해운업을 시작하다.

1948. 후반.
상호를 '동양해운'으로 변경하다. 사업이 번창하여 한국전쟁 직전에는 70톤급 2척, 50톤급 1척 등 3척의 선박을 보유하다.

1950. 6. 25.
사업관계로 서울 출장 중에 6·25를 맞다. 8월 10일경 걸어서 목포로 귀가하다.

1950. 9. 28.
공산군에게 체포되어 목포형무소에서 총살 직전에 탈출하다.

1950. 10.
선박 2척을 수리하면서 사업 재개를 준비하다. 또한 '목포일보'를 인수하여 1952년 3월까지 사장으로 재임하다.

1950. 11.
해상방위대 전남 지구대 부대장으로 임명되어 1951년 10월까지 활동하다. 주로 한국군의 군수 물자를 해상으로 운송하는 업무를 수행하다.

1951. 3.
'동양해운'을 '목포상선주식회사'로 상호 변경하다.

1952. 5. 25.
부산 정치 파동이 발생하다. 이 사건을 계기로 반독재 민주화를 위하여 정계 진출을 결심하다.

1952. 7.
해운회사를 부산으로 옮기로 '흥국해운주식회사'로 상호 변경하다. 일본에서 중고 선박 3척을 추가로 도입하여 사업을 확장하다.

1954. 4. 21.
대중大中에서 대중大仲으로 개명하다. 원래 할아버지가 대중大仲으로 작명해 주었으나, 호적에 이름을 올리는 과정에서 대중大中으로 기록되었고, 차후에 이 사실을 알고 1954년 4월에 대중大仲으로 호적을 정정하다. 그러나 1960년대 초에 다시 대중大中으로 정정하다.

1954. 5. 20.
제3대 민의원 선거에서 무소속으로 목포에서 출마해 낙선하다.

1955. 4.
서울로 상경하다. 이후 한국노동문제연구소 주간으로 활동하는 등 다양한 사회활동을 전개하다.

1955. 10. 1
『사상계』10월호에 「한국 노동 운동의 진로」를 기고하다.

1956. 6. 2.
명동성당 노기남 대주교실에서 김철규 신부의 집전으로 영세를 받다. 대부는 장면 박사이며 세례명은 '토머스 모어'이다.

1956. 9. 25.
민주당에 입당하다. 장면 박사의 지도 하에 민주당 신파로 활동하다.

1958. 4. 8.
강원도 인제 선거구의 민주당 민의원 입후보 등록하다. 그러나 자유당의 방해 공작으로 등록이 무효되어 선거에 출마하지 못하다.

1959. 3. 11.
민의원 선거 등록 무효와 관련하여, 대법원에 제소한 '선거 무효 및 당선 무효 확인 소송'에서 승소함에 따라, 인제 지역구의 민의원 선거 결과가 무효로 결정되다.

1959. 6. 5.
제4대 민의원 선출을 위한 강원도 인제 재선거에 출마해 낙선하다.

1959. 8. 28
차용애 여사가 병사하다.

1960. 9.
민주당 대변인으로 임명되어 8개월 동안 활동하다.

국회의원 시절 : 1961–1968

1961. 5. 13.
강원도 인제에서 5대 민의원 보궐선거 출마해 당선되다. 네 번째 도전에 성공하였으나 5.16 쿠데타로 국회의원 선서조차 하지 못하다.

1962. 5. 10.
이희호李姬鎬여사와 재혼, 슬하에 홍걸을 두다.

1963. 7. 18.
민주당 재건에 참여, 대변인이 되다.

1963. 11. 26.
제6대 국회의원 선거, 목포에 출마해 당선되다.

1964. 4. 20.
국회 본회의에서 김준연 의원에 대한 구속동의안 상정 지연을 위해 5시간 19분 동안 의사 진행 발언을 하다.

1965. 5. 3.
민중당이 창당되다. 민중당에서 대변인과 정책심의위원회 의장으로 활동하다.

1965. 2. 7.
신민당이 창당되어 대변인으로 활동하다.

1967. 5. 15.
첫 번째 저서 『분노의 메아리』를 출간하다.

1967. 6. 8.
제7대 국회의원 선거에서 박정희 정권의 집중적인 '김대중 낙선전략'에도 불구하고 목포에서 당선되다.

1969. 7. 19.
효창운동장에서 열린 3선개헌 반대 시국 대연설회에서 '3선 개헌은 국체의 변혁이다'를 제목으로 연설하다.

대통령 후보시절 : 1970–1971

1970. 1. 24.
신민당 7대 대통령 후보 지명전에 출마 선언하다.

1970. 9. 18.
『내가 걷는 70년대』를 출간하다.

1970. 9. 29.
신민당 전당대회 후보 경선에서 7대 대통령 후보로 선출되다.

1970. 10 16.
대통령 후보 기자회견을 통해 '한반도 평화정착을 위한 미·소·중·일 4대국 보장, 비정치적 남북교류 허용, 평화 통일론, 예비군 폐지'를 제창하다.

1971. 2. 3.
미국 방문 중 워싱턴 내셔널프레스클럽에서 기자회견을 갖고 3단계 통일방안을 제시하다.

1971. 3. 13.
『김대중 씨의 대중경제 100문 100답』을 출간하다.

1971. 4. 18.
장충단 공원에서 대통령 선거 유세를 개최하다.

1971. 4. 27.
제7대 대통령 선거에서 낙선(46퍼센트 득표)하다.

1971. 5. 24.
제8대 국회의원 선거 신민당 후보 지원 유세차 지방 순회 중 무안에서 의문의 교통사고를 당하다.

1971. 5. 25.
8대 국회의원(전국구)에 당선되다.

1972. 5. 10.
어머니 장수금 여사 사망하다.

유신시대 1 – 동경납치사건 : 1972–1973

1972. 7. 13.
7 · 4남북 공동 성명 발표 후 외신 기자 회견에서 남북한 유엔 동시가입을 제창하다.

1972. 10. 18.
신병 치료차 일본 체류 중 유신 선포를 듣고 유신 반대 성명을 발표한 후 망명생활을 시작하다.

1972. 10. ~ 1973. 8.
미국과 일본을 오가면서 유신 반대 활동을 전개하다.

1973. 6. 28.
『독재와 나의 투쟁』 일본어 판을 출간하다.

1973. 8. 8.
'도쿄 납치 살해 미수 사건' 발생, 중앙정보부 요원에 의해 일본 그랜드팔레스호텔에서 납치 당해 수장될 위기에서 극적으로 생환하다.

1973. 8. 13.
납치된 후 동교동 자택으로 귀환하다. 귀국하자마자 가택 연금과 동시에 일체의 정치활동을 금지당하다.

1974. 2. 25.
아버지 김운식 옹 사망하다.

유신시대2 – 명동 3.1민주구국선언 : 1974–1979

1974. 8. 22.
신민당 전당대회에서 '반독재 선명야당 체제'의 구축을 위해 김영삼 총재의 당선을 적극 지원하다.

1974. 11. 27.
가택연금 속에서 재야 반유신 투쟁의 결집체인 '민주회복국민회의'에 참여하다.

1975. 2. 6.
천주교정의구현전국사제단 주최로 명동성당에서 열린 천주교 '인권회복을 위한 기도회'에 참석하다.

1975. 12 .13.
선거법 위반 혐의(63년 대통령 선거 관련)로 금고 1년형을 선고받다.

1976. 3. 1.
윤보선, 정일형, 함석헌, 문익환 등 재야 민주지도자들과 함께 '3·1 민주 구국선언' 주도하다.

1976. 3. 10.
'3·1 민주 구국선언'에 서명한 인사들과 함께 정식 입건되어 서울구치소에 구속 수감되다.

1977. 3. 22.
대법원에서 징역 5년, 자격 정지 5년형이 확정되다.

1977. 4. 14.
진주교도소로 이감되다.

1977. 5. 7.
진주교도소 수감 중 접견 제한에 항의, 단식투쟁을 하다.

1977. 12. 19.
서울대학병원으로 이송, 수감되다. 얼마 후 교도소 때보다 제한(접견 차단, 창문 봉쇄, 서신 제한, 운동 금지)이 더욱 심하자 항의 단식하다.

1978. 12. 27.
옥고 2년 10개월만에 형집행정지로 가석방된 후 장기 가택 연금당하다.

1979. 3. 1.
윤보선, 함석헌, 문익환 선생 등과 함께 '민주주의와 민족통일을 위한 국민연합' 결성 주도, 공동의장으로 반독재투쟁에 앞장서 세 차례 연행되다.

1979. 12. 08.
박정희 대통령이 시해당한 10 · 26 사태로 긴급조치 9호가 해제되고 자택연금에서 해제되다.

광주민주화 운동과 사형선고 : 1980–1982

1980. 3. 1.
사면 복권되다.

1980. 3. 26.
YWCA에서 9년만에 대중연설을 하다. 그후 사회단체, 대학의 초청으로 전국 순회 시국강연을 진행하다.

1980. 5. 13.
민주화 시위가 격화되자 시국성명을 통해 학생 시위 자제 호소하다.

1980. 5. 16.
김영삼 신민당 총재와 공동기자 회견을 갖고, 시국수급 6개항(계엄령 해제, 정치범 석방, 정치일정 연내 완결 등)을 제시하다.

1980. 5. 17.
신군부의 비상계엄령 전국 확대 조치로 동교동 자택에서 연행되다.

1980. 8. 9.
군 교도소에 수감되다.

1980. 9. 11.
'내란음모사건' 결심 공판에서 '용공분자와 제휴하여 정권 탈취를 기도'한 '내란음모' 혐의로, '국가보안법', '계엄법', '반공법', '외국환관리법' 위반에 따라 군 검찰로 부터 사형을 구형받다.

1980. 9. 13.
'내란음모사건' 18차 공판에서 1시간 48분에 걸친 최후 진술을 하다.

1980. 9. 17.
군사재판에서 사형을 선고받다.

1980. 11. 3.
육군본부 계엄고등 군법회의에서 항소가 기각되어 원심에서 결정된 형량대로 사형을 선고받다.

1980. 11. 6.
이문영 등 '내란음모사건' 관련자 11명과 함께 육군본부 계엄고등 군법회의의 항소심 판결에 불복하여 상고하다.

1981. 1. 23.
대법원 전원합의체는 서울형사지법 대법정에서 열린 '내란음모사건' 상고심에서 김대중이 제기한 상고를 기각하고 사형을 확정하다. 그러나 1시간 뒤에 열린 국무회의에서는 '우방 국가들과 본인의 탄원 및 국민 화합을 위한다'는 명목 하에 '특별 감형에 관한 건'이 의결되어 김대중의 형량이 사형에서 무기형으로 감형되다.

1981. 1. 31.
육군교도소에서 청주교도소로 이감되다.

1981. 11. 3.
수감 중 '브루노 크라이스키Bruno-Kreisky 인권상'을 수상하다.

1982. 3. 2.
무기형에서 20년형으로 감형되다.

1982. 12. 16.
청주교도소 복역중 서울대학병원 12층으로 이감되다.

1982. 12. 23.
2년 7개월의 옥고 끝에 형집행정지 석방, 가족과 함께 신병 치료차 미국 워싱턴으로 출국하다.

미국 망명생활 : 1983–1985

1983. 1. 8 .
미국 버지니아주 알렉산드리아의 월세 아파트에 일가족이 정착하다.

1983. 01. 31.
『뉴스위크』지 회견, 한국 민주화와 인권 상황에 대한 입장을 표명하다.

1983. 2.
미국 방송, 신문, 잡지 회견, 교민초청행사 참석하다. 재미 '한국인권문제연구소' 창설, 교포사회의 모국 민주회복 운동 주도하고, 망명중 미국 학계, 종교계, 사회단체들로부터 초청 강연을 하다.

1983. 3. 10.
베니그노 아키노Benigno Aquino 필리핀 상원의원 자택에서 조찬을 함께하다.

1983. 5. 16.
미국 에모리 대학에서 명예 법학박사 학위를 받다.

1983. 7. 25.
'한국인권문제연구소'를 창립하다.

1983. 7.
워싱턴, 뉴욕 등에서 김영삼 단식투쟁 지원 데모를 하다.

1983. 9.
미국 하버드대학 국제문제연구소CFIA에서 객원 연구원으로 활동하다. 이듬해 논문 「대중 참여 경제론Mass-Participatory Economy」을 제출하다.

1983. 12. 23.
옥중서신을 묶은 『민족의 한을 안고』를 출간하다.

1985. 2. 8.
망명 2년 3개월만에 당국의 반대와 주위의 암살 걱정을 무릅쓰고 귀국하다. 김포 공항에서 대인접촉이 봉쇄된 채 격리, 가택연금에 처해지다.

민추협 활동과 대통령 출마 : 1985-1987

1985. 2. ~ 1987. 6.
수시로 가택연금에 처해져 총 55회의 가택연금을 당하다.

1985. 3. 6.
정치활동 규제에서 해금되다(김대중, 김영삼, 김종필씨 등 16명). 그러나 사면 복권이 안돼 여전히 정치활동을 금지당하다.

1985. 3. 18.
김영삼씨와 야권통합을 합의하고 민추협 공동의장직을 수락하다.

1985. 6. 17.
김영삼 민추협 공동의장과 민주화 요구 공동 발표문을 채택하다.

1985. 11.
『대중경제론』(영어판), 『행동하는 양심으로』를 출간하다.

1986. 2. 12.
민추협 중심의 대통령 직선제 개헌 청원 1000만인 서명운동을 시작하다.

1986. 11. 15.
전두환 정권이 자진해서 대통령 직선제를 받아들이면 대통령 선거 출마하지 않을 용의가 있음을 선언하다.

1987. 4. 6.
김영삼씨와 신당 창당을 선언하다.

1987. 4. 8. ~ 6. 25.
78일간 가택연금에 처하다.

1987. 7. 10.
민정당 노태우 대표의 '6·29선언' 후 '김대중 내란음모사건' 관련자 전원과 광주민주항쟁 관련자 15명 등 모두 2300여 명과 함께 사면 복권되다.

1987. 9. 8.
16년만에 광주를 방문해 망월동 묘역에 참배하다. 28년만에 고향인 목포와 하의도를 방문하다.

1987. 10. 27.
미국 최대 노조인 산별노조총연맹AFL-CIO에서 수여하는 '조지 미니George Meany 인권상'을 수상하다.

1987. 11. 12.
평화민주당 창당, 대통령 후보 지명 전당대회에서 당 총재 및 제13대 대통령 후보로 추대되다.

1987. 12. 16.
제13대 대통령 선거에서 낙선하다.

평화민주당 시절 : 1988–1992

1988. 4. 26.
제13대 국회의원(전국구)에 당선되다.

1988. 5. 18.
야 3당 총재 회담, 5共 비리 조사, 광주 학살 진상 규명 등 5개항에 합의하다.

1988. 11. 18.
국회 광주특위 청문회에 증인으로 참석, '김대중 내란음모사건'은 전두환 신군부 세력의 정권 찬탈을 위한 조작극이었음을 증언하다.

1989. 8. 12.
서경원 방북 사건 관련 혐의로 강제 구인되어 심야 수사를 받고 불구속 기소되다.

1990. 1. 22.
노태우-김영삼-김종필 3당 야합 반대 투쟁을 시작하다.

1990. 7. 27.
평민당 전당대회에서 총재로 재선출되다.

1990. 10. 8.
'지자제 실시, 내각제 포기, 보안사 해체' 등을 요구하며 단식 투쟁을 13일간 하다.

1991. 4. 9.
평민당, 이우정 등 재야 구야권 출신 등을 영입해 신민주연합당(신민당)으로 창당하다.

1991. 9. 10.
이기택 민주당 총재와 신민당-민주당 통합을 선언하다.

1992. 3. 24.
제14대 국회의원(전국구)에 당선되다.

1992. 5. 26.
민주당 전당대회에서 제14대 대통령 후보로 지명되다.

1992. 9. 7.
러시아 외무성 외교대학원에서 「한국 사회에서의 민주주의의 생성과 발전 원리에 관하여(1945~1991)」라는 논문으로 정치학 박사학위를 취득하다.

1992. 12. 18.
제14대 대통령선거에서 낙선하다.

1992. 12. 19.
정계 은퇴를 선언하다.

대통령 출마 : 1993–1997

1993. 1. 26.
영국으로 출국, 케임브리지 객원연구원으로 연구활동을 시작하다.

1993. 7. 4.
영국에서 귀국하다.

1993. 12. 10.
『새로운 시작을 위하여』를 출간하다.

1994. 1. 27.
아시아의 민주화와 남북 통일을 연구하기 위해 아시아·태평양 평화재단(아태재단)을 설립하다.

1994. 5. 12.
미국 내셔널프레스클럽에서 북핵해결을 위한 '일괄타결', '카터 방북'을 제안하다.

1994. 9. 20.
아시아태평양 민주지도자회의FDL-AP 설립, 상임공동의장에 취임하다.

1995. 7. 13.
정계복귀를 선언하다.

1995. 9. 5 .
새정치국민회의를 창당하다.

1997. 5. 19.
새정치국민회의 전당 대회에서 제15대 대통령 후보로 선출되다.

1997. 10. 27.
김종필 자민련 총재와 후보 단일화에 합의하다.

1997. 12. 18.
대한민국 제15대 대통령에 당선되다.

제15대 대통령 : 1998-2003. 2.

1998. 2. 25.
대한민국 제15대 대통령에 취임하다.

1998. 3. 1.
3 · 1절 기념사에서 남북 특사 교환을 제의하다.

1998. 10. 8.
'21세기의 새로운 한일 파트너십 공동선언(김대중-오부치 선언)'에 합의하다.

1998. 12. 15.
베트남 국가주석과의 회담에서 양국의 불행했던 과거를 청산하고 미래지향적인 우호 협력 관계 발전을 위해 노력키로 합의하다.

1998. 12. 16.
제2차 아세안+한 · 중 · 일 정상회의에서 '동아시아 비전 그룹' 구성을 제안하다.

1998. 12. 29.
전국교직원노동조합(전교조)를 합법화하다.

1999. 7. 4.
필라델피아 자유 메달을 수상하다.

1999. 9. 7.
국민기초생활보장법을 제정하다.

1999. 11. 23.
민주노총을 합법화하다.

2000. 1. 12.
광주 민주화운동 관련자 보상 등에 관한 법률을 개정하다.

2000. 1. 15.
의문사진상규명에 관한 특별법, 민주화운동 관련자 명예회복 및 보상법, 제주 4 · 3사건 진상규명법 등 3대 민주 개혁법을 제정하다.

2000. 1. 20.
새천년민주당 창당, 총재에 취임하다.

2000. 3. 9.
독일 베를린 자유대학에서 한반도의 냉전구조 해체와 항구적 평화 및 남북 간 화해 협력을 위한 베를린 선언을 발표하다.

2000. 6. 13. ~ 15.
분단 55년만에 평양에서 남북정상회담 개최, 6·15남북공동선언을 발표하다.

2000. 6. 26.
국회, 헌정 사상 첫 인사 청문회를 개최하다.

2000. 8. 1.
의약분업을 전면 실시하다.

2000. 9. 2.
비전향 장기수 63명을 북송하다.

2000. 12. 10.
노벨평화상을 수상하다.

2001. 1. 29.
여성부가 출범하다.

2001. 5.
국가인권위원회법을 제정하다.

2001. 6. 29.
국세청, 『조선일보』·『동아일보』·『국민일보』는 법인과 함께 사주를 조세범 처벌법 위반혐의로, 『중앙일보』·『한국일보』·『대한매일』은 주요 탈루 당시 대표이사와 함께 법인을 검찰에 고발하다.

2001. 7.
부패방지법을 제정하다.

2001. 8. 23.
당초 계획보다 3년 앞당겨 IMF를 졸업하다.

2001. 11. 5.
제5차 아세안+한·중·일 정상회의에서 동아시아자유무역지대EAFTA 창설과 민·관 합동으로 구성되는 '동아시아 포럼' 설치를 제안하다.

2002. 1. 14.
낙동강·금강·영산강 특별법을 제정하다.

2002. 2. 20.
부시 대통령과 경의선 남측 최북단 도라산역을 방문하다.

2002. 7. 11.
정부 수립 후 처음으로 여성인 장상 이대 총장을 총리로 지명하다.

2002. 7. 27.
광주 망월동 5·18 묘지를 국립묘지로 승격시키다.

2002. 9. 14.
남북한 군 당국, 판문점 실무회담 통해 경의·동해선 연결 공사에 따른 DMZ 지뢰 제거 작업을 19일 동시 착수키로 합의하다. 휴전 이후 비무장지대가 처음으로 열리다.

2002. 11. 6.
초고속 인터넷 가입자 1000만 명 돌파 기념행사에 참석하다.

2002. 12. 13.
조지 W. 부시 미국 대통령으로부터 미군의 여중생 사망 사건과 관련해 사과 전화를 받다.

2003. 2. 15.
한·칠레 자유무역협정FTA 서명식에 참석하다.

2003. 2. 24.
제15대 대통령 퇴임 후 동교동으로 돌아오다.

퇴임 이후 : 2003. 2.–2009. 8.

2003. 5. 10.
신촌 연세대 세브란스 병원에서 심혈관 확장 수술을 받다.

2003. 5. 12.
세브란스 병원 입원 중에 처음으로 신장 혈액 투석을 받다.

2003. 5. 27.
제8회 '늦봄통일상' 수상자로 선정되다.

2003. 6. 12.
6·15 남북 정상 회담 3주년을 맞아 퇴임 후 처음으로 언론과 회견을 갖고 대북 송금 특검을 비판하다.

2003. 8. 8.
만해대상을 수상하다.

2003. 10. 23.
서울고등법원에 '김대중 내란 음모 사건'에 대해 재심을 청구하다.

2003. 11. 3.
연세대학교 김대중도서관이 개관하다.

2003. 12. 9.
칠레 정부로부터 칠레공화국 대십자훈장을 수여받다.

2003. 12. 15.
'춘사 나운규 영화제'에서 공로상을 수상하다.

2004. 1. 29.
'1980년 김대중 내란 음모 사건' 재심 선고 재판에 참석해 사형 선고를 받은 지 23년 만에 무죄를 선고받다.

2004. 5. 10. ~ 19.
유럽 3개국(프랑스, 노르웨이, 스위스) 순방, OECD, 노벨위원회, WHO에서 연설하다.

2004. 6. 15.
남북이 공동으로 개최한 6·15 남북 공동 선언 4주년 기념 국제 학술 대회에서 특별 연설을 통해 '김정일 위원장의 답방'을 제안하다.

2004. 6. 29.
중국 방문, 장쩌민 군사위 주석 등 중국 지도자들을 면담하다.

2004. 11. 6.
유럽 방문, 페르손 스웨덴 총리 및 참피 이탈리아 대통령과 회담하다. 노벨평화상 수상자 세계정상회의에서 연설하다.

2004. 12. 6.
말레이시아 쿠알라룸푸르 방문해 제2차 동아시아포럼EAF 총회 특별 연설을 하다.

2004. 12. 22.
주요 연설 대담집『21세기와 한민족』을 출간하다.

2005. 6. 12.
독일 정부로부터 대십자훈장을 수여받다.

2005. 8. 10.
미열과 염증 증상이 있어 연세대 세브란스 병원에 입원해 치료를 받은 후 8월 21일 퇴원하다.

2005. 8. 16.
병문안을 온 8·15 북측 당국 대표단으로부터 방북을 요청받다.

2006. 3. 21.
영남대학교에서 명예정치학 박사학위를 받다.

2006. 11. 4.
노무현 대통령 부부와 김대중도서관 전시실을 함께 관람하고 사저에서 오찬을 하다.

2006. 12. 7.
코리아 소사이어티가 수여하는 '밴 플리트 상'을 받다.

2007. 5. 16.
독일 베를린 자유대학에서 제1회 '자유상'을 수상하다.

2007. 9. 17. ~ 29.
미국 뉴욕, 워싱턴을 방문하다. 클린턴 전 대통령, 헨리 키신저·메들린 올브라이트 전 국무장관 등을 만나 북핵 문제에 대해 논의하다.

2007. 10. 9.
청와대에서 노무현 대통령으로부터 '2007 남북 정상 회담' 결과와 향후 추진 방향 등에 대해 설명을 듣다.

2007. 10. 30.
일본 교토의 리츠메이칸 대학에서 명예법학 박사학위를 받다.

2008. 4. 22.
24년 만에 하버드 대학을 방문해 '햇볕 정책이 성공의 길이다'를 제목으로 강연하다.

2008. 9. 11.
노르웨이 스타방에르에서 열린 노벨평화상 수상자 정상회의에 참석하다.

2008. 10. 27.
중국 랴오닝 성 선양에서 열린 '동북아 지역 발전과 협력 포럼' 개막식에 참석한 후 단둥 시에 있는 압록강 철교를 둘러보다.

2009. 5. 5.
중국을 방문해 시진핑 국가 부주석을 면담하다.

2009. 5. 29.
故 노무현 대통령 영결식에 참석하다. 헌화, 분향한 후 권양숙 여사를 만나 위로하다.

2009. 6. 27.
6·15 공동 선언 9주년 기념행사에 참석해 '행동하는 양심이 되자'를 주제로 연설하다.

2009. 7. 13.
폐렴 증상으로 연세대 세브란스 병원(서울)에 입원하다.

2009. 8. 18.
서거하다.

• 출처 : (재)김대중기념사업회 홈페이지

여정.....

추모관

金大中

My Love,
My Country
Lee Hee-ho
(Mrs. Kim Dae-jung)
First Lady of the Republic of Korea
나의 사랑
나의 조국
이 희 호 지음
도서출판 명림당

행동하는 양심

소년
김대중
공부방

第十五代大統領
後廣 金大中 先生
出身學校(三十四)
꿈은 이루어진다
학교금연구역

작가노트

길에서 길을 찾았습니다.
여명에 길을 떠나 민족의 새벽을 불러왔습니다.
김대중은 길이었습니다.
척박한 현대사를 갈아 엎은 거인의 삶을 감히 추적하였습니다.
당신이 머문 어디든 파란만장한 바람이 불어왔고
저는 그래서 제대로 눈을 뜰 수 없었지요.
당신은 생애 마지막 고향 방문 때 하의도 '큰 바위 얼굴'을 찾았다지요.
그래서 저도 찾아가 당신이 섰던 자리에서 바라 보았지요.
그 날 제가 본 큰 바위는 김대중의 얼굴이었습니다.
당신과 함께 한 시간들을 돌아보니 문득 행복해지네요.
당신을 오래 붙들었다면 용서하세요,
사랑합니다. 나의 영원한 대통령 님, 아니 선생님!

끝으로, 이 책이 나오기까지 도움을 주신 '아트공명'과 김택근 형님께
무한한 감사와 존경의 마음을 보냅니다.

길

저자 | 유준
감수 | 김택근

1판 1쇄 인쇄 | 2024년 1월 3일
1판 1쇄 발행 | 2024년 1월 8일

펴낸곳 | 아트공명
펴낸이 | 최몽순

판매 및 프로모션 | 참약사
디자인 표지 및 본문 | 디자인 허브
주소 | 서울시 종로구 삼봉로 81 두산위브 파빌리온 703호
전화 | 02-730-8841
팩스 | 02-730-8814
출판등록 | 제 2022-000161호
등록일자 | 2001년 4월 13일

ISBN 979-11-91779-13-4 (07910)

값 20,000원

도서 구입문의 | 02-583-2296

※아트공명은 조윤커뮤니케이션의 임프린트입니다.
※잘못 만들어진 책은 구입하신 서점에서 교환해 드립니다.